Impressum
Verlag: BABADADA GmbH, Nedderfeld 112 , 22529 Hamburg
Geschäftsführer / Verlagsleitung: Harald Hof
Druck: Books on Demand GmbH, In de Tarpen 42, 22848 Norderstedt

Imprint
Publisher: BABADADA GmbH, Nedderfeld 112 , 22529 Hamburg, Germany
Managing Director / Publishing direction: Harald Hof
Print: Books on Demand GmbH, In de Tarpen 42, 22848 Norderstedt, Germany

School

школа

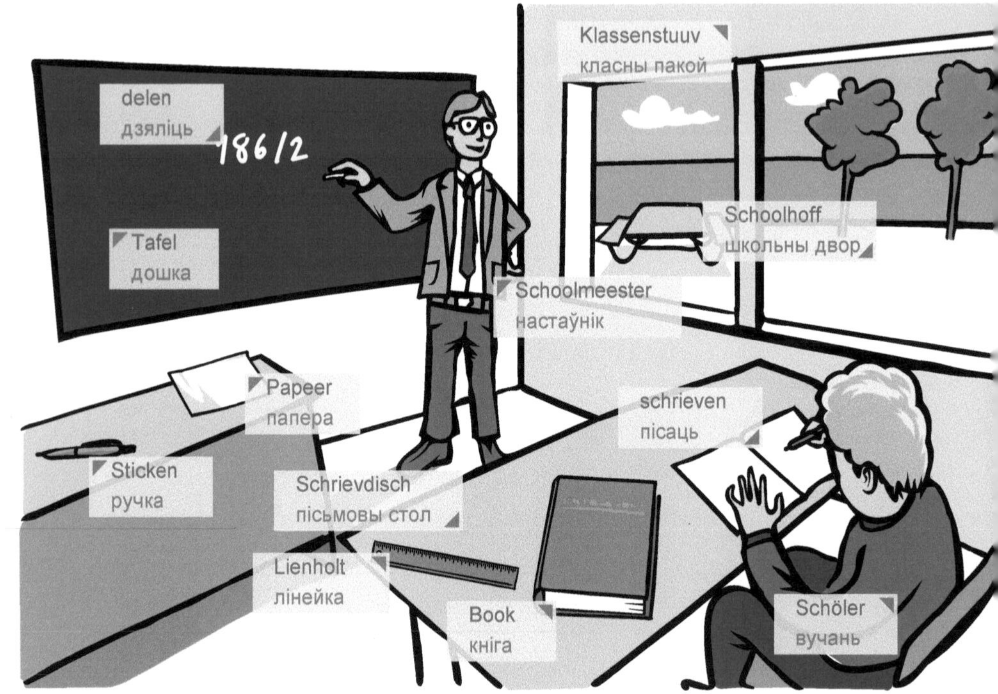

delen
дзяліць
186/2
Tafel
дошка
Klassenstuuv
класны пакой
Schoolhoff
школьны двор
Schoolmeester
настаўнік
Papeer
папера
schrieven
пісаць
Sticken
ручка
Schrievdisch
пісьмовы стол
Lienholt
лінейка
Book
кніга
Schöler
вучань

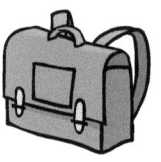

Ranzel

ранец

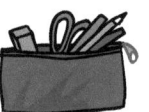

Feddermapp

пенал

Bleesticken

просты аловак

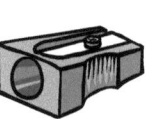

Scharpmaker

тачылка для алоўкаў

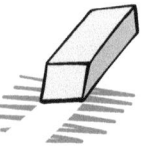

Radeergummi

гумка

Tekenblock

альбом для малявання

Teken

малюнак

Pinsel

пэндзлік

Malkassen

фарбы

Scheer

нажніцы

Klever

клей

Heft to'n Öven

сшытак

Huusopgaav

хатняе заданне

Tall

лік

tohooptellen

дадаваць

aftrecken

адымаць

malnehmen

множыць

reken

лічыць

Bookstaav

літара

ABC

алфавіт

Woort

слова

Text

тэкст

lesen

чытаць

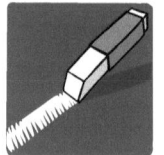

Kried

крэйда

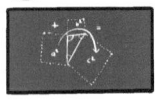

Stunn

ўрок

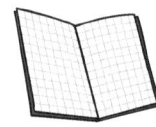

Klassenbook

класны журнал

Pröven

экзамен

Tüügnis

атэстат

Schooluniform

школьная форма

Utbillen

адукацыя

Nakieksel

энцыклапедыя

Universität

універсітэт

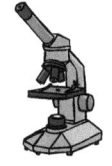

Mikroskop

мікраскоп

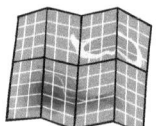

Koort

карта

Papeerkorf

смеццевы кошык

Törn

падарожжа

Hotel
гатэль
Grand
Harbarg
хостэл
ROOMS
Wesselstuuv
абменны пункт
EXCHANGE
Kuffer
чамадан
Auto
аўтамабіль

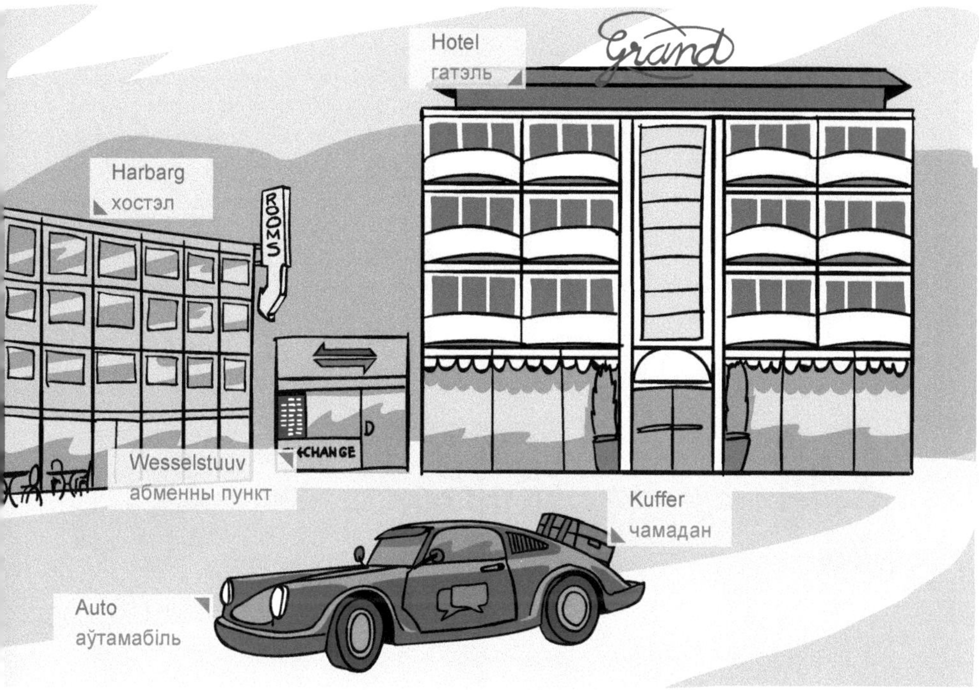

Spraak
мова

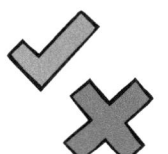

jo / ne
так / не

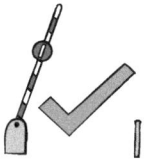

Jo
добра

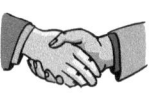

Moin
прывітанне!

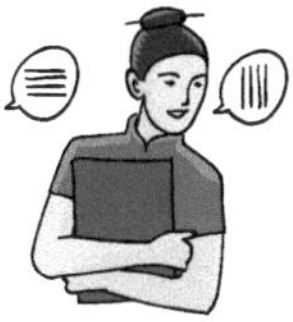

Översetter
перакладчык

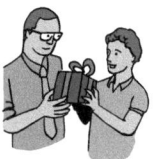

Dank ok
дзякуй

Wat kost...?

Колькі каштуе....?

Ik verstah nich

я не разумею

Problem

праблема

Goden Avend

Добры вечар!

Moin!

Добрай раніцы!

Gode Nacht!

Дабранач!

Tschüüs

да пабачэння

Richt

кірунак

Bagaasch

багаж

Tasch

сумка

Rüchsack

заплечнік

Gast

госць

Stuuv

пакой

Slaapsack

спальны мяшок

Telt

палатка

Touristeninformatschoon

інфармацыя для турыстаў

Strand

пляж

Kreditkoort

крэдытная картка

Fröhstück

снеданне

Meddageten

абед

Avendeten

вячэра

Fohrkort

праязны білет

Fohrstohl

ліфт

Breefmark

паштовая марка

Grenz

мяжа

Toll

мытня

Bottschop

пасольства

Visum

віза

Pass

пашпарт

Transport

транспарт

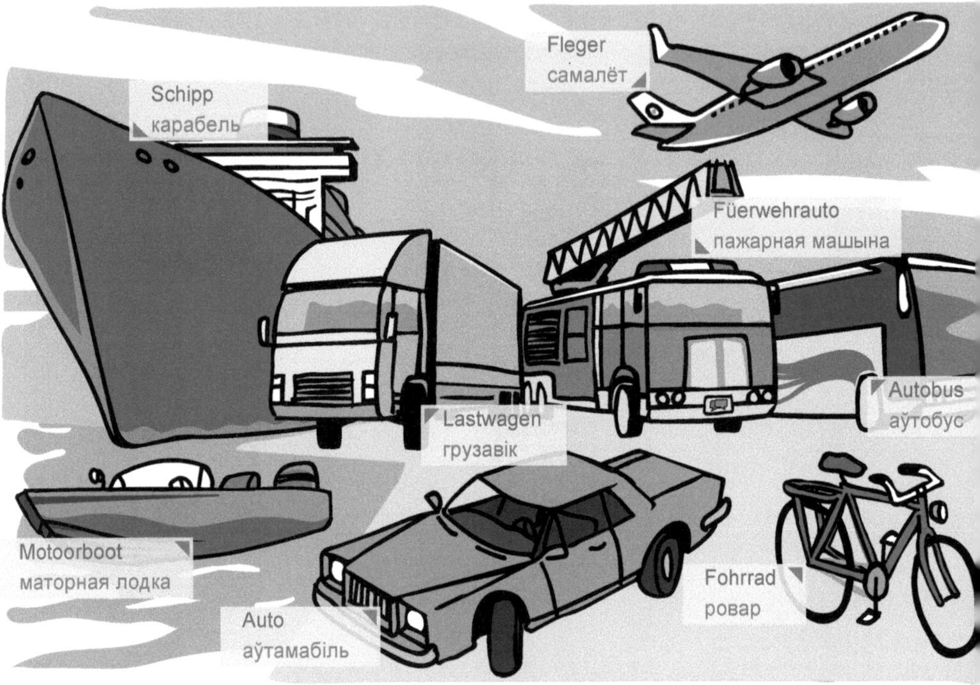
Fleger
самалёт
Schipp
карабель
Füerwehrauto
пажарная машына
Autobus
аўтобус
Lastwagen
грузавік
Motoorboot
маторная лодка
Fohrrad
ровар
Auto
аўтамабіль

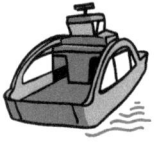

Fähr

паром

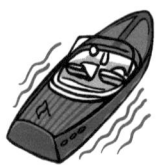

Boot

лодка

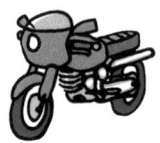

Motoorrad

матацыкл

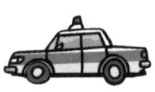

Polizeiauto

паліцэйская машына

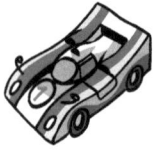

Rönnauto

гоначны аўтамабіль

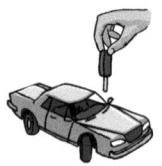

Lehnwagen

арэндаваны аўтамабіль

Carsharing

меснае карыстанне аўтамабілем

Afsleepwagen

эвакуатар

Müllauto

смеццявоз

Motoor

матор

Kraftstoff

паліва

Tanksteed

запраўка

Verkehrsschild

дарожны знак

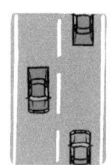

Verkehr

дарожны рух

Stau

затор

Afstellplatz

паркоўка

Bahnhoff

чыгуначная станцыя

Sporen

рэйкі

Tog

цягнік

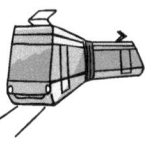

Stratenbahn

трамвай

Wagon

вагон

Dwarsmöhl

верталёт

Flooghaven

аэрапорт

Tower

вежа

Fohrgast

пасажыр

Grootkist

кантэйнер

Karton

кардонная скрыня

Koor

тачка

Korf

карзіна

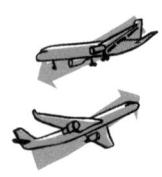

starten / lannen

ўзлятаць / прызямляцца

Stadt

горад

Dörp

вёска

Binnenstadt

цэнтр горада

Huus

дом

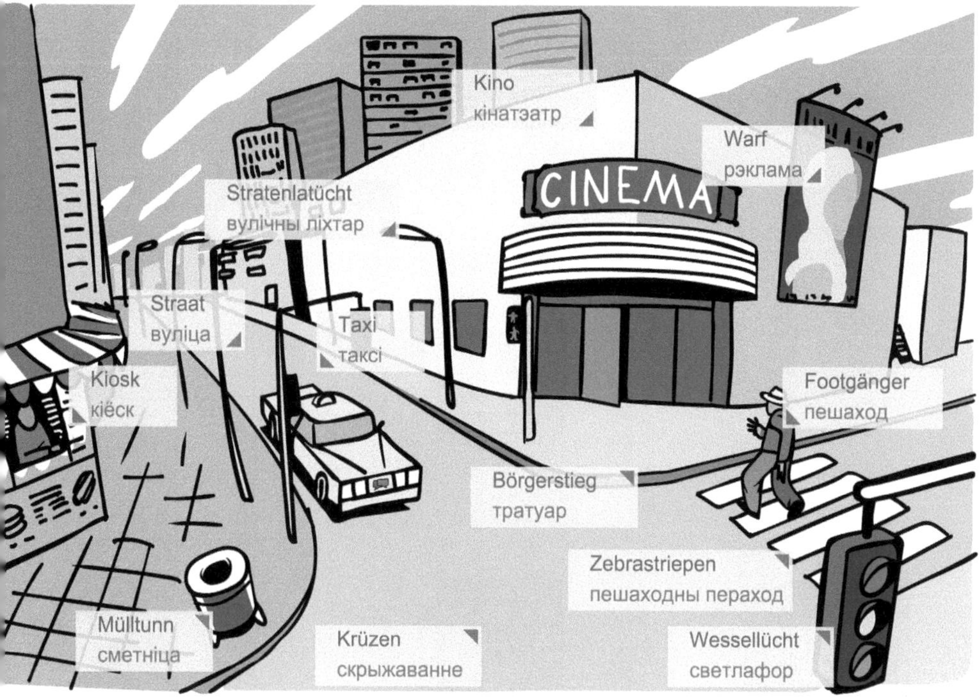

Kino
кінатэатр

Warf
рэклама

Stratenlatücht
вулічны ліхтар

CINEMA

Straat
вуліца

Taxi
таксі

Kiosk
кіёск

Footgänger
пешаход

Börgerstieg
тратуар

Zebrastriepen
пешаходны пераход

Mülltunn
сметніца

Krüzen
скрыжаванне

Wessellücht
светлафор

Hütt

халупа

Wahnung

кватэра

Bahnhoff

чыгуначная станцыя

Raathuus

ратуша

Museum

музей

School

школа

Universität

універсітэт

Bank

банк

Krankenhuus

шпіталь

Hotel

гатэль

Afteek

аптэка

Büro

офіс

Bookhökerie

кнігарня

Hökerie

крама

Blomenhökerie

кветкавая крама

Supermarkt

супермаркет

Markt

кірмаш

Koophuus

універмаг

Fischhökerie

рыбная крама

Inkoopszentrum

гандлевы цэнтр

Haven

порт

Parkanlaag

парк

Bank

лава

Brüch

мост

Trepp

лесвіца

Ünnergrundbahn

метро

Tunnel

тунэль

Busstoppsteed

прыпынак

Bar

бар

Spieslokal

рэстаран

Breefkassen

паштовая скрыня

Stratenschild

вулічны паказальнік

Parkklock

паркамат

Deertenpark

заапарк

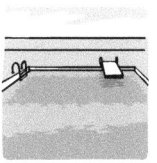

Baadanstalt

басейн

Moschee

мячэць

Buernhoff

сядзіба

Ümweltversmudden

забруджванне
навакольнага асяроддзя

Karkhoff

могілкі

Kark

царква

Speelplatz

пляцоўка для гульні

Tempel

храм

Landschop

краявід

Blatt — ліст
Wiespahl — паказальнік
Weg — дарога
Wisch — луг
Steen — камень
Boom — дрэва
Wannerer — падарожнік
Fluss — рака
Gras — трава
Bloom — кветка

Daal

даліна

Barg

гара

See

возера

Holt

лес

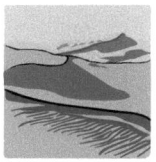

Wööst

пустыня

Füerspien Barg

вулкан

Slott

замак

Regenbagen

вясёлка

Poggenstohl

грыб

Palm

пальма

Steekmück

камар

Fleeg

муха

Miegeemk

мурашка

Imm

пчала

Spinn

павук

Sebber

жук

Pogg

жаба

Katteker

вавёрка

Swienegel

вожык

Haas

заяц

Uul

сава

Vagel

птушка

Swaan

лебедзь

Wildswien

дзік

Hirsch

алень

Elk

лось

Staudamm

плаціна

Windrad

вятрак

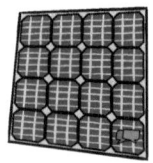

Solarmodul

сонечная батарэя

Klima

клімат

Spieslokal
рэстаран

Kellner
афіцыянт
Spieskoort
меню
Stohl
крэсла
Supp
суп
Pizza
піца
Bestick
сталовыя прыборы
Dischdeek
абрус

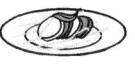

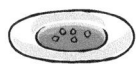

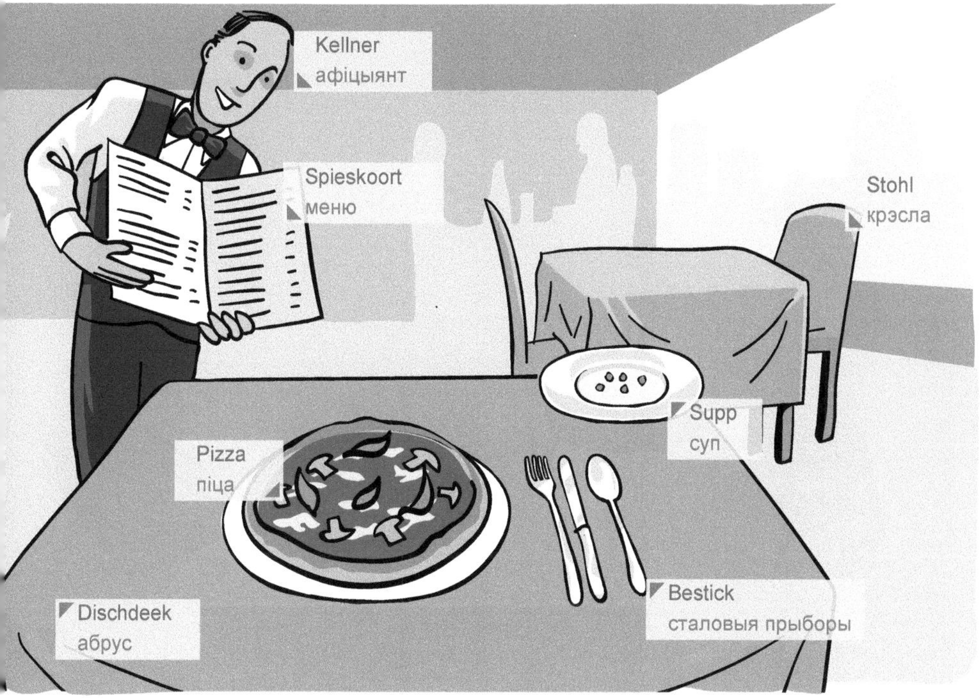

Vörspies

закуска

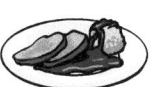

Haupteten

другая страва

Nadisch

дэсерт

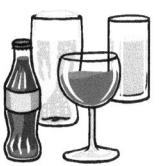

Drünk

напоі

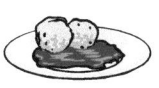

Eten

ежа

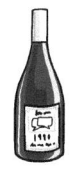

Buddel

бутэлька

Fastfood

хуткае харчаванне (фаст-фуд)

Strateneten

стрыт-фуд

Teekann

імбрык (чайнік)

Zuckerdoos

цукарніца

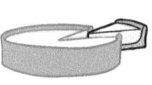

Portschoon

порцыя

Espressomaschien

эспрэса-машына

Hoochstohl

дзіцячае крэселка

Reken

рахунак

Tablett

паднос

Mess

нож

Gavel

відэлец

Lepel

лыжка

Teelepel

чайная лыжка

Munddook

сурвэтка

Glas

шклянка

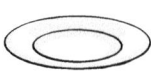

Töller

талерка

Suppentöller

супавая талерка

Ünnertass

сподак

Sooß

соус

Soltstreuer

сальніца

Pepermöhl

млынок для перцу

Etig

воцат

Ööl

алей

Krüder

спецыі

Ketchup

кетчуп

Mostrich

гарчыца

Mayonnaise

маянэз

Supermarkt
супермаркет

Anbott
акцыя
FOR
Kunn
пакупнік
Melkprodukten
малочныя прадукты
Aaft
садавіна
Inkoopswagen
вазок

BUTCHERS

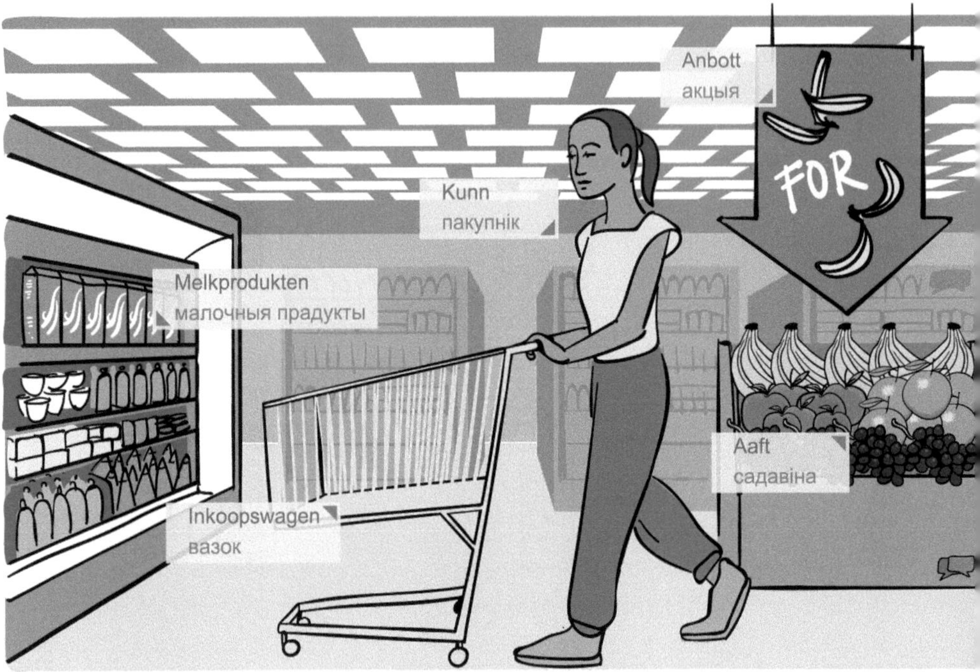

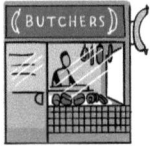

Slachterie

мясная крама

BAKERY

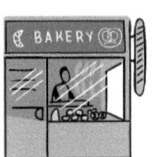

Bäckerie

хлебны магазін

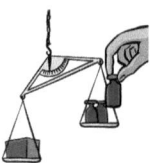

wegen

важыць

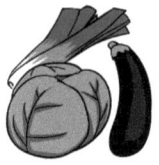

Gröönsaken

гароднiна

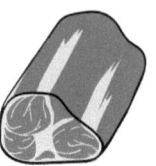

Fleesch

мяса

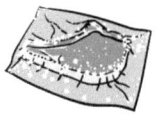

Deepköhlkost

свежазамарожаныя прадукты

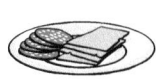

Opsnitt

нарэзка

Konserven

кансервы

Waschmiddel

пральны парашок

Snoopkraam

прысмакі

Huushooltssaken

хатнія прылады

Reinmaaktüüch

чысцячы сродак

Verköpersche

прадавец

Kass

каса

Kasserer

касір

Inkoopslist

спіс пакупак

Opsparrtieden

гадзіны працы

Breeftasch

бумажнік

Kreditkoort

крэдытная картка

Tasch

сумка

Plastiktüüt

пакет

Water

вада

Saft

сок

Melk

малако

Cola

кола

Wien

віно

Beer

піва

Spriet

алкаголь

Kakao

какава

Tee

гарбата (чай)

Koffie

кава

Espresso

эспрэса

Cappucino

капучына

Banaan

банан

Appel

яблык

Appelsien

апельсін

Meloon

дыня

Zitroon

лімон

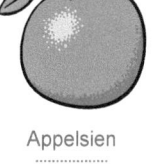

Wöttel

морква

Knuuvlook

часнок

Bambus

бамбук

Zibbel

цыбуля

Poggenstohl

грыб

Nööt

арэхі

Nudeln

локшына

Spaghetti

спагеці

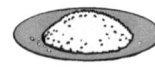

Ries

рыс

Salat

салата

Pommes frites

бульба фры

Braadkantüffeln

смажаная бульба

Pizza

піца

Hamborger

гамбургер

Sandwich

бутэрброд

Snitzel

шніцаль

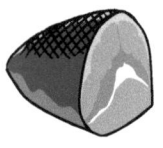

Schinken

вяндліна

Salami

салямі

Wust

каўбаса

Hohn

курыца

Braden

смажаніна

Fisch

рыбак

Haverflocken

аўсяныя камякі

Müsli

мюслі

Cornflakes

кукурузныя шматкі

Mehl

мука

Croissant

круасан

Rundstück

булачка

Broot

хлеб

Toast

тост

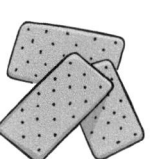

Keksen

пячэнне

Botter

масла

Quark

тварог

Koken

пірог

Ei

яйка

Spegelei

яечня

Kees

сыр

Ies
....
марожанае

Zucker
....
цукар

Honnig
....
мёд

Marmelaad
....
варэнне

Nougat-Creme
....
нуга

Curry
....
кары

Buernhoff

сядзіба

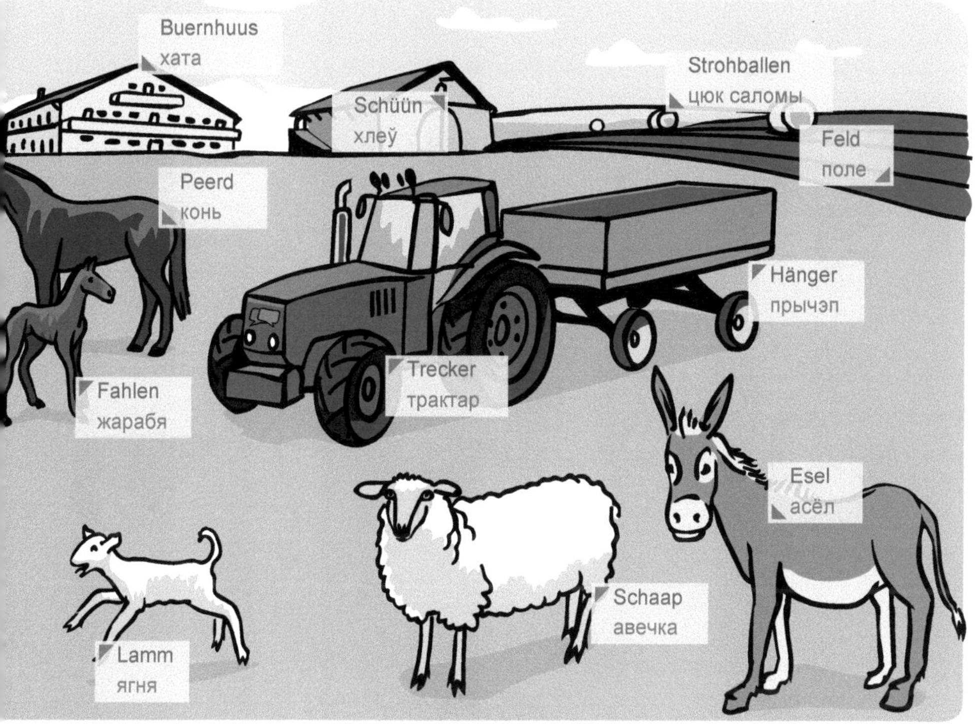
Buernhuus
хата
Schüün
хлеў
Strohballen
цюк саломы
Feld
поле
Peerd
конь
Hänger
прычэп
Trecker
трактар
Fahlen
жарабя
Esel
асёл
Schaap
авечка
Lamm
ягня

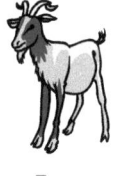

Zeeg

каза

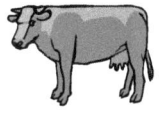

Koh

карова

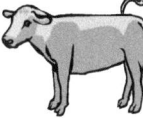

Kalf

цяля

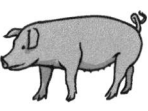

Swien

свіння

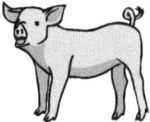

Farken

парася

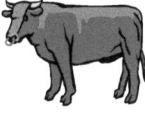

Bull

бык

Goos

гусак

Aant

качка

Küken

кураня

Hohn

курыца

Hahn

певень

Rott

пацук

Katt

кот

Muus

мыш

Oss

вол

Hund

сабака

Hunnenhütt

сабачая будка

Goornslauch

садовы шланг

Geetkann

палівачка

Lee

каса

Ploog

плуг

Sich

серп

Hack

матыка

Mestfork

вілы для гною

Ext

сякера

Schuufkoor

тачка

Trog

карыта

Melkkann

бітон для малака

Sack

мех

Tuun

плот

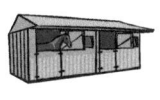

Stall

хлеў

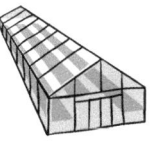

Drievhuus

цягліца

Bodden

глеба

Saat

насенне

Dünger

угнаенне

Meihdöscher

камбайн

oornen

збіраць ураджай

Oorn

ураджай

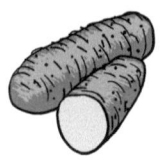

Yamswöttel

ямс

Weten

пшаніца

Soja

соя

Kantüffel

бульба

Törksche Weten

кукуруза

Rapp

рапс

Aaftboom

садовае дрэва

Troopsch Kantüffel

маніёк

Koorn

збожжа

Huus

дом

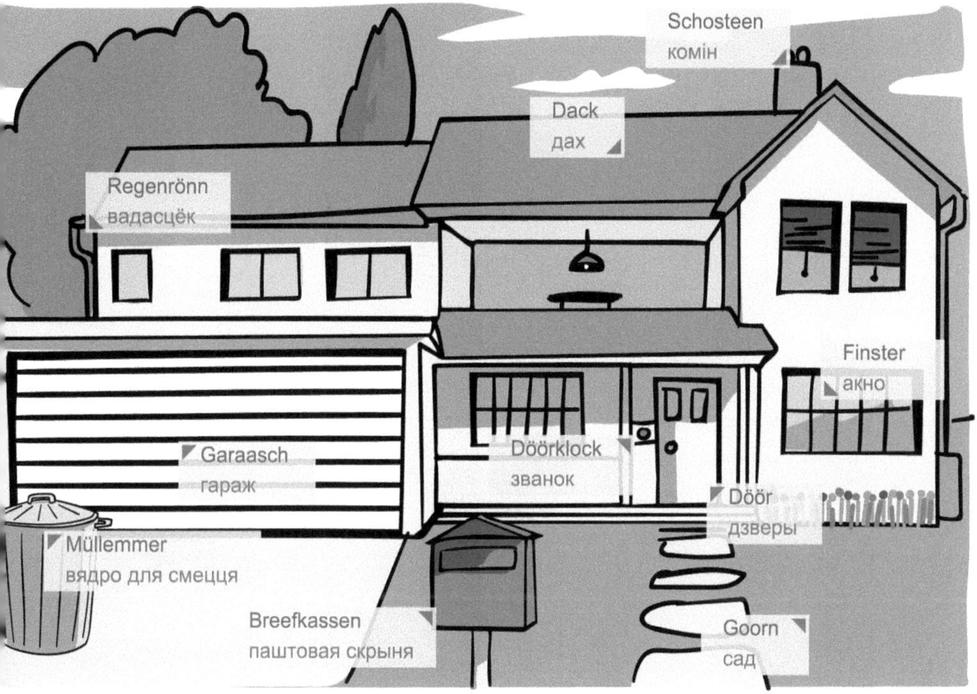

Schosteen
комін
Dack
дах
Regenrönn
вадасцёк
Finster
акно
Garaasch
гараж
Döörklock
званок
Döör
дзверы
Müllemmer
вядро для смецця
Breefkassen
паштовая скрыня
Goorn
сад

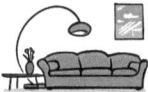

Wahnstuuv

жылы пакой

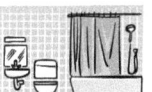

Baadstuuv

ванная

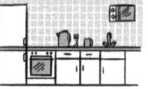

Köök

кухня

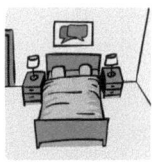

Slaapstuuv

спальны пакой

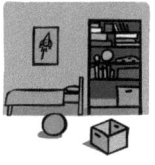

Kinnerstuuv

дзіцячы пакой

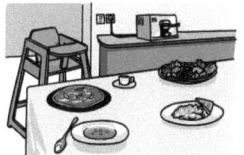

Eetstuuv

сталоўка

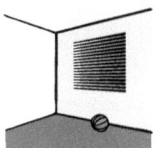

Footbodden

падлога

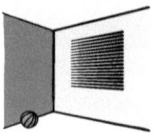

Wand

сцяна

Deek

столь

Keller

падвал

Hittluftbad

саўна

Balkon

балкон

Terrass

тэраса

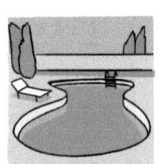

Swümmbad

басейн

Rasenmeiher

касілка

Bettbetog

падкоўдранік

Bettdeek

коўдра

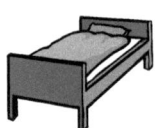

Puuch

ложак

Bessen

венік

Emmer

вядро

Schalter

выключальнік

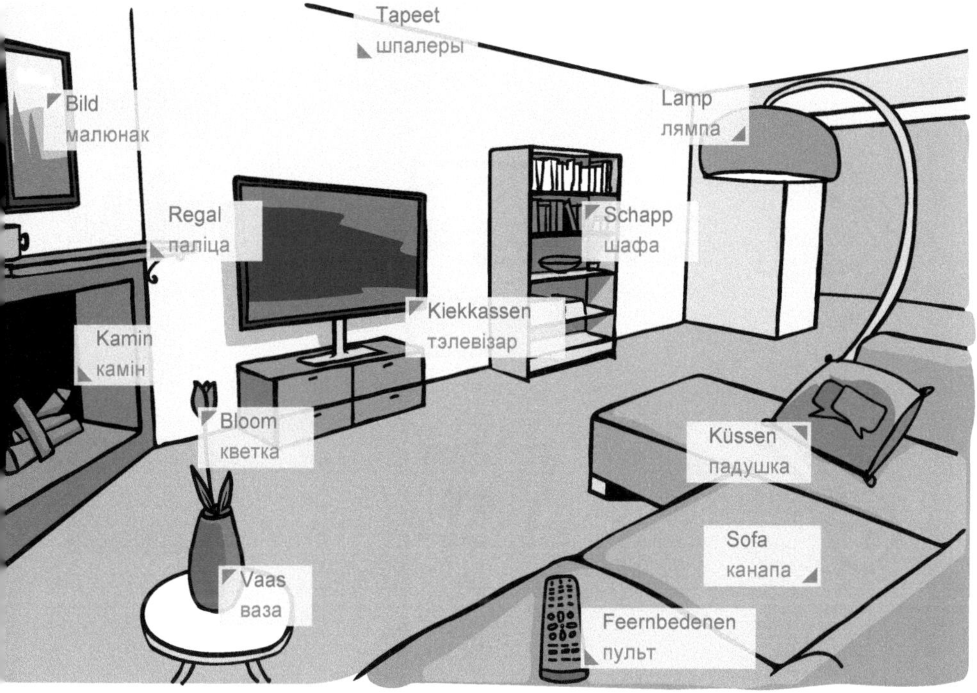

Tapeet
шпалеры

Bild
малюнак

Lamp
лямпа

Regal
паліца

Schapp
шафа

Kamin
камін

Kiekkassen
тэлевізар

Bloom
кветка

Küssen
падушка

Vaas
ваза

Sofa
канапа

Feernbedenen
пульт

Teppich

дыван

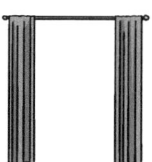

Vörhang

фіранка

Disch

стол

Stohl

крэсла

Schuckelstohl

крэсла-качалка

Sessel

крэсла

Book

кніга

Deek

коўдра

Dekoratschoon

дэкарацыя

Füerholt

дровы

Film

кіно

Stereoanlaag

стэрэасістэма

Slötel

ключ

Narichtenblatt

газета

Gemälde

карціна

Poster

постар

Radio

радыё

Opschrievblock

нататнік

Huulbessen

пыласос

Kaktus

кактус

Kars

свечка

Köhlschapp
халадзільнік

Mikrowell
мікрахвалёвая печ

Kökenwaag
кухонныя шалі

Toaster
тостар

Reinmaakmiddel
мыйны сродак

Backaven
духоўка

Gefreerfack
маразілка

Müllemmer
вядро для смецця

Opwaschmaschien
посудамыйная
машына

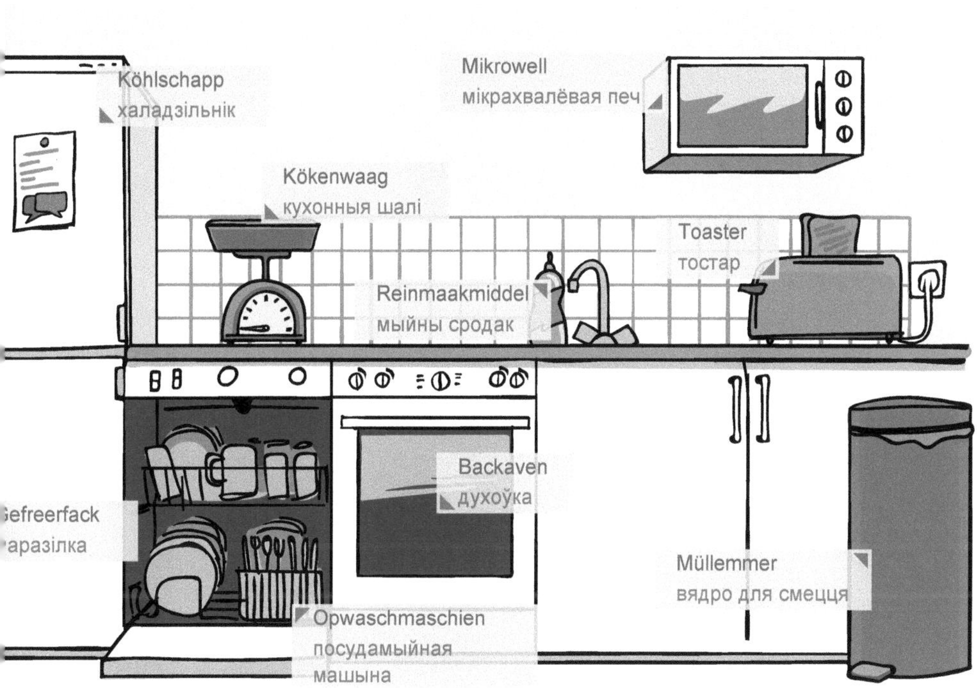

Heerd

пліта

Pott

рондаль

Gussiesern Putt

чыгунок

Wok / Kadai

Вок / кадаі

Pann

патэльня

Waterkaker

чайнік

Dampkaakputt

параварка

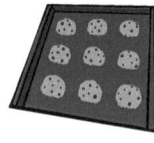

Backblick

бляха

Geschirr

посуд

Beker

кубак

Schaal

міска

Eetsticken

палачкі для ежы

Suppenkell

чарпак

Pannenwenner

лапатачка

Sneebessen

збівалка

Kaakseef

сіта для варэння

Seef

сіта

Riev

тарка

Mörser

ступка

Grill

грыль

Füerstell

вогнішча

Sniedbrett

дошка

Nudelholt

качалка

Proppentrecker

штопар

Doos

бляшанка

Dosenaapner

адкрывалка

Pottlappen

прыхваткі

Waschbecken

ракавіна

Böst

шчотка

Swamm

губка

Mixer

міксер

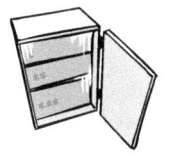

Iesschapp

маразільная камера

Nuckelbuddel

бутэлечка

Waterhahn

адаправодны кран

Baadstuuv

ванная

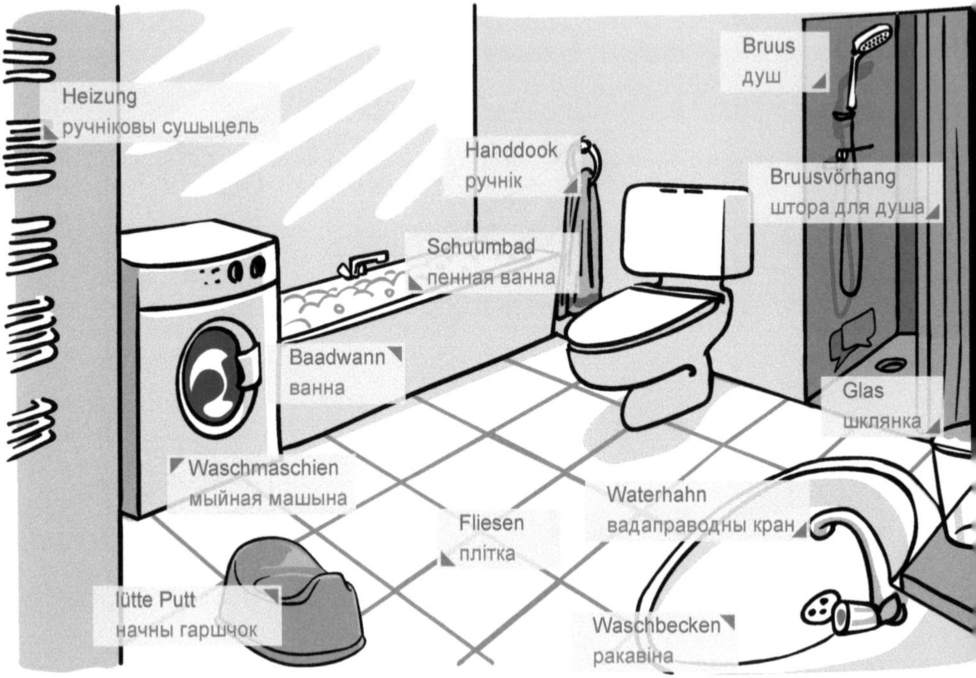

Bruus
душ
Heizung
ручніковы сушыцель
Handdook
ручнік
Bruusvörhang
штора для душа
Schuumbad
пенная ванна
Baadwann
ванна
Glas
шклянка
Waschmaschien
мыйная машына
Waterhahn
вадаправодны кран
Fliesen
плітка
lütte Putt
начны гаршчок
Waschbecken
ракавіна

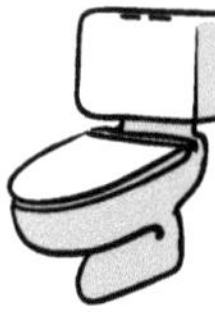

Tante Meier

туалет

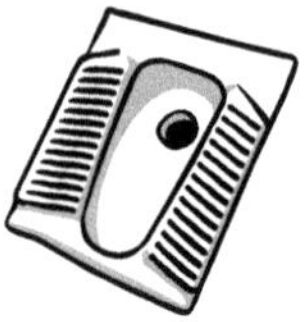

Hockklo

падлогавы ўнітаз

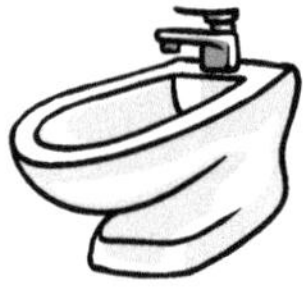

Bidet

бідэ

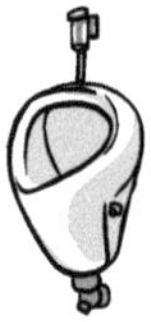

Miegbecken

пісуар

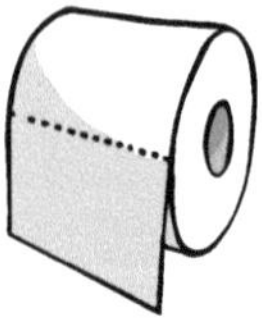

Klopapeer

туалетная папера

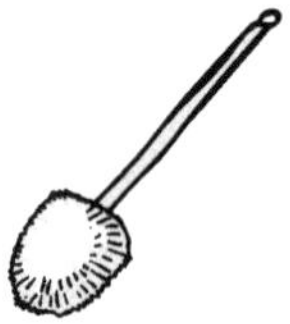

Kloböst

шчотка для чысткі ўнітаза

Tähnböst

зубная шчотка

Tähnpast

зубная паста

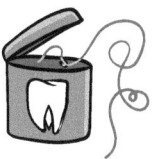

Tähnsied

зубная нітка

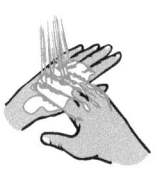

waschen

мыць

Handbruus

ручны душ

Intimbruus

інтымны душ

Waschschöttel

умывальнік

Rüchböst

шчотка для спіны

Seep

мыла

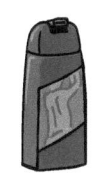

Bruusgeel

гель для душа

Hoorwaschmiddel

шампунь

Waschlappen

вяхотка

Afloop

вадасцёк

Creme

крэм

Deodorant

дэзадарант

Spegel

люстэрка

Kosmetikspegel

касметычнае люстэрка

Raserer

станок для галення

Raseerschuum

пена для галення

Raseerwater

ласьён пасля галення

Kamm

грэбень

Böst

шчотка

Hoordröger

фен

Hoorspray

лак для валасоў

Smink

касметыка

Lippensticken

памада

Nagellack

лак для пазногцяў

Watt

вата

Nagelscheer

манікюрныя нажніцы

Rüükwater

духі

Kulturbüdel

касметычка

Schemel

табурэтка

Waag

вагі

Baadmantel

лазневы халат

Gummihanschen

санітарныя пальчаткі

Tampon

тампон

Damenbinn

іенічныя пракладкі

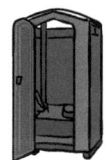

Chemieklo

біятуалет

Kinnerstuuv

дзіцячы пакой

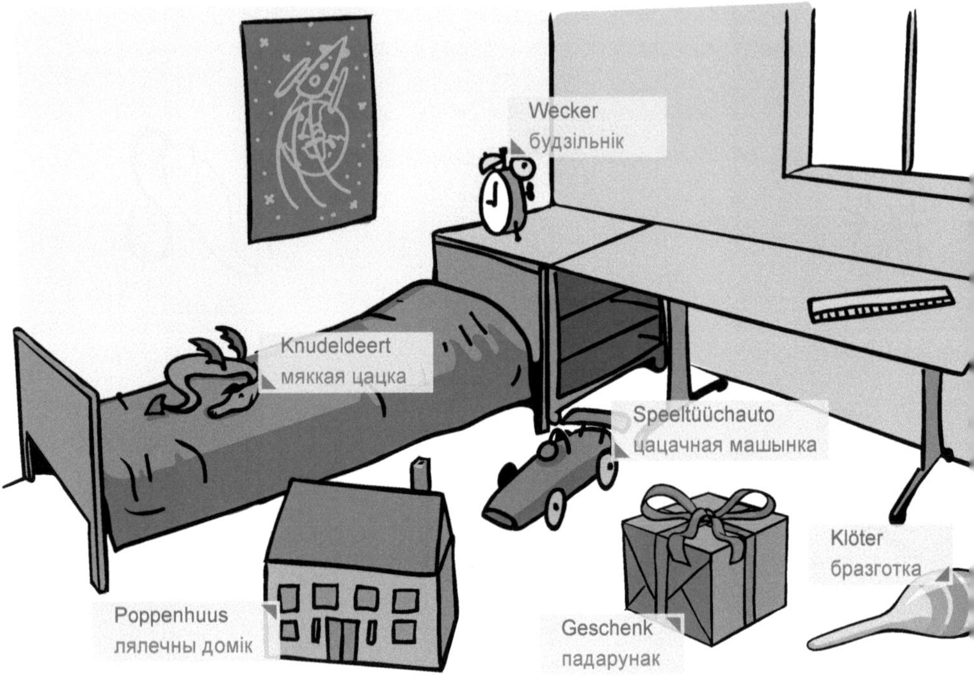
Wecker
будзільнік
Knudeldeert
мяккая цацка
Speeltüüchauto
цацачная машынка
Klöter
бразготка
Poppenhuus
лялечны домік
Geschenk
падарунак

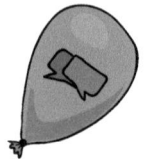

Luftballon

надзіманы шарык

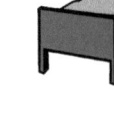

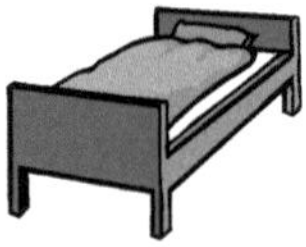

Puuch

ложак

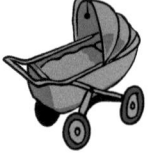

Kinnerwagen

дзіцячая каляска

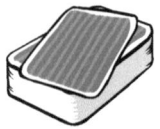

Koortenspeel

калода картаў

Puzzle

пазл

SUPER
MEGA

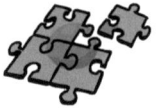

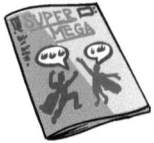

Billergeschicht

комікс

Legostenen

анструктар "Лега"

Bustenen

канструктар

Action-Figur

экшэн-фігурка

Strampelantog

дзіцячы гарнітур

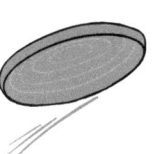

Frisbeeschiev

фрызбі

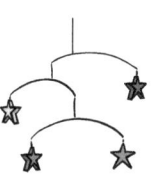

Mobile

дзіцячы мабіль

Brettspeel

астольная гульня

Wörpel

кубік

Modelliesenbahn

дзіцячая чыгунка

Snuller

пустышка

Party

дзіцячае свята

Billerbook

кніга з малюнкамі

Ball

мячык

Popp

лялька

spelen

гуляцца

Sandkassen

пясочніца

Schuckel

арэлі

Speeltüüch

цацкі

Speelkonsool

гульнявая відэа прыстаўка

Dreerad

трохколавы ровар

Teddyboor

плюшавы мішка

Klederschapp

шафа

Tüüch

адзенне

Socken

шкарпэткі

Strümp

панчохі

Strumpbüx

калготкі

Halsdook
шалік

Paraplü
парасон

T-Shirt
цішотка

Liefreem
рамень

Stevel
боты

Puuschen
пантоплі

Turnschoh
красоўкі

Sandalen
....
сандалі

Schoh
....
абутак

Gummistevel
....
гумовыя боты

Ünnerbüx
....
трусы

Bostholler
....
бюстгальтар

Ünnerhemd
....
майка

Lief

бодзі

Büx

штаны

Jeansnüx

джынсы

Rock

спадніца

Bluus

блузка

Hemd

кашуля

Pullover

джэмпер

Kapuzenpullover

талстоўка

Blazer

блэйзер

Jack

куртка

Mantel

паліто

Övertrecker

дажджавік

Kostüm

касцюм

Kleed

сукенка

Hochtietskleed

вясельная сукенка

Antog

касцюм

Nachtkleed

начная сарочка

Slaapantog

піжама

Sari

сары

Koppdook

хустка

Turban

цюрбан

Burka

паранджа

Kaftan

каптан

Abaya

Абая

Baadantog

купальнік

Baadbüx

плаўкі

Korte Büx

шорты

Antog to'n Öven

партыўны касцюм

Schört

фартух

Handschoh

пальчаткі

Knopp

гузік

Brill

акуляры

Armband

бранзалет

Halskeed

каралі

Ring

кальцо

Ohrbummel

завушніца

Mütz

кепка

Klederbögel

вешалка

Hoot

капялюш

Binner

гальштук

Rietslüter

маланка

Helm

шлем

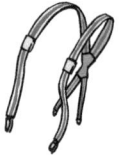

Drachtband

падцяжкі

Schooluniform

школьная форма

Uniform

уніформа

Severböten

нагруднік

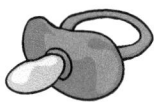

Snuller

пустышка

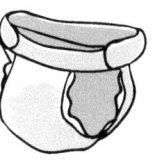

Winnel

падгузнік

Büro

офіс

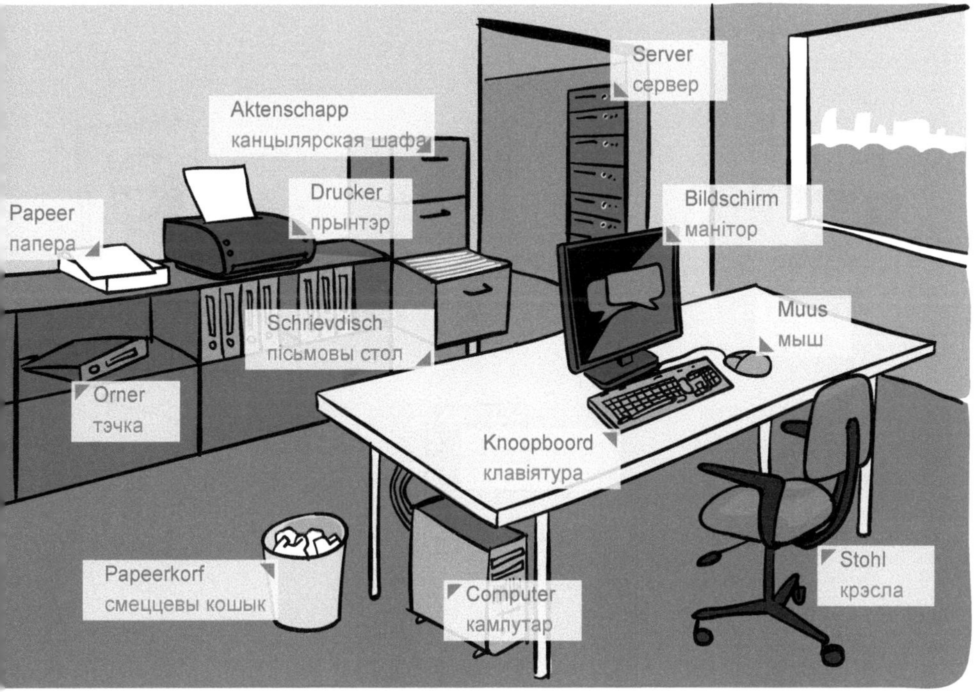

Server
сервер

Aktenschapp
канцылярская шафа

Drucker
прынтэр

Bildschirm
манітор

Papeer
папера

Schrievdisch
пісьмовы стол

Muus
мыш

Orner
тэчка

Knoopboord
клавіятура

Papeerkorf
смеццевы кошык

Computer
кампутар

Stohl
крэсла

Koffiebeker

для кавы (філіжанка)

Taschenreekner

калькулятар

Internet

інтэрнэт

Klappreekner

ноўтбук

Breef

ліст

Naricht

паведамленне

Ackersnacker

мабільны тэлефон

Nettwark

сетка

Kopeerapparat

ксеракс

Software

праграмнае забеспячэнне

Klöönkassen

тэлефон

Steekdoos

разетка

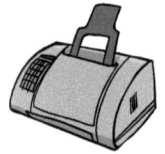

Faxapparat

факс

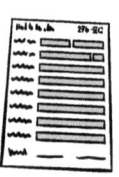

Formulor

фармуляр

Dokument

дакумент

köpen

купляць

betahlen

плаціць

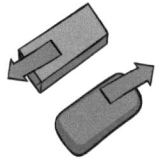

hanneln

гандляваць

Geld

грошы

Dollar

долар

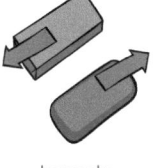 

Euro

еўра

Yen

ена

Ruvel

рубель

Swiezer Franken

франк

Renminbi Yuan

кітайскі юань

Rupie

рупія

Geldautomat

банкамат

Wesselstuuv

абменны пункт

Gold

золата

Sülver

срэбра

Ööl

нафта

Energie

энергія

Pries

цана

Verdrag

кантракт

Stüer

падатак

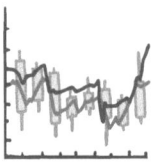

Andeelschien

акцыя

arbeiden

працаваць

Anstellte

служачы

Arbeitgever

працадаўца

Fabrik

фабрыка

Hökerie

крама

Profeschonen

прафесіі

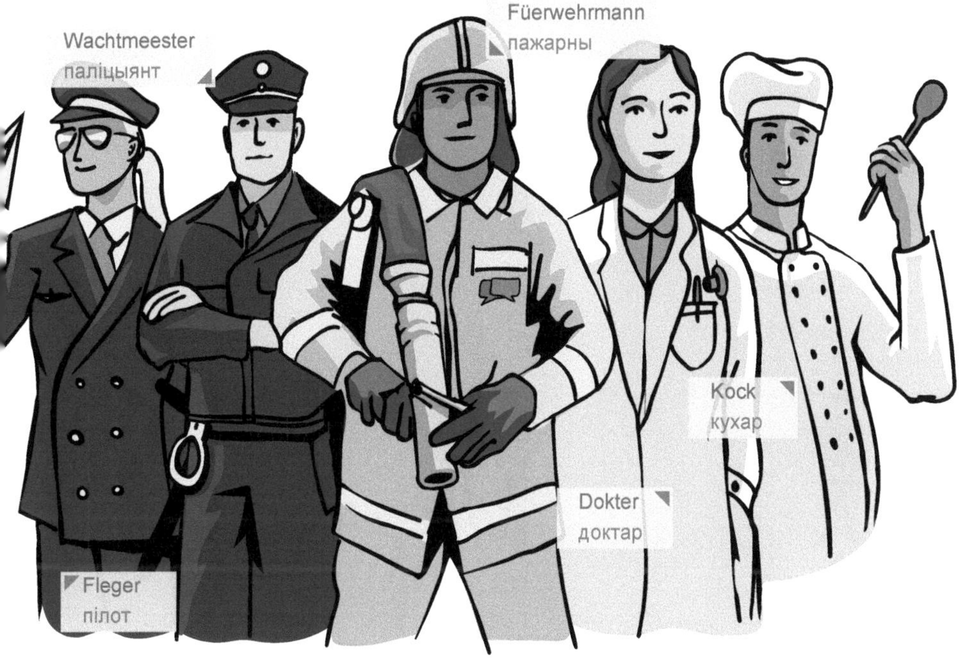

Füerwehrmann
пажарны
Wachtmeester
паліцыянт
Kock
кухар
Dokter
доктар
Fleger
пілот

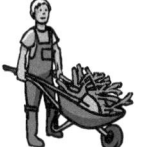

Goorner

садоўнік

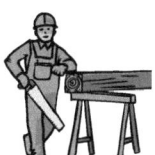

Discher

слесар

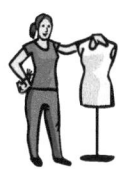

Neihersche

швачка

Richter

суддзя

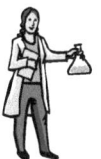

Chemiker

хімік

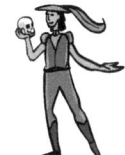

Schauspeler

артыст

Busfohrer

кіроўца аўтобуса

Taxifohrer

таксіст

Fischer

рыбак

Reinmaakfru

прыбіральшчыца

Dackdecker

страхар

Kellner

афіцыянт

Jäger

паляўнічы

Maler

мастак

Bäcker

пекар

Elektriker

электрык

Buarbeider

будаўнік

Ingenieur

інжынер

Slachter

мяснік

Klempner

сантэхнік

Postbüdel

паштальён

Suldat

салдат

Architekt

архітэктар

Kasserer

касір

Florist

фларыст

Putzbüdel

цырульнік

Schaffner

кандуктар

Mechaniker

механік

Kaptein

капітан

Tähndokter

стаматолаг

Wetenschopler

вучоны

Rabbi

рабін

Imam

імам

Mönk

манах

Paap

святар

Warktüüch

інструменты

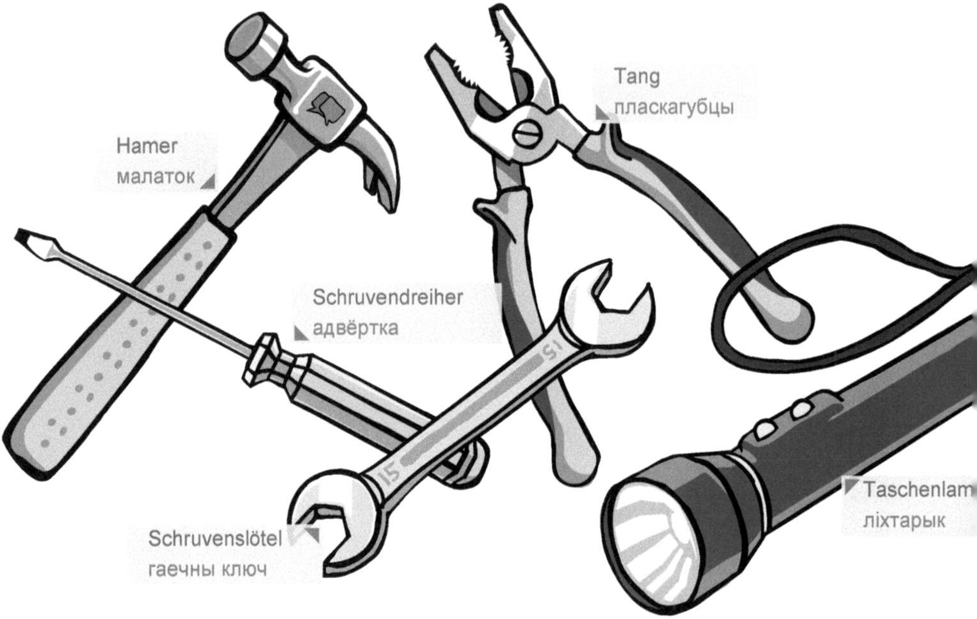

Tang
пласкагубцы
Hamer
малаток
Schruvendreiher
адвёртка
Taschenlam
ліхтарык
Schruvenslötel
гаечны ключ

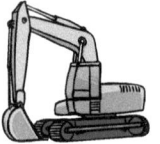

Grieper

экскаватар

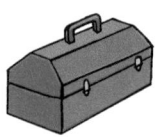

Warktüüchkassen

скрыня для інструментаў

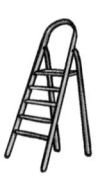

Ledder

дравіны

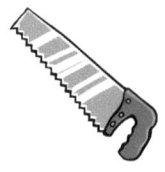

Saag

піла

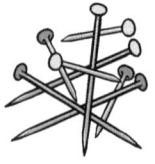

Nagels

цвікі

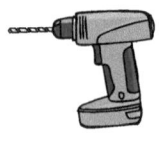

Bohrer

дрыль

heelmaken

рамантаваць

Schüffel

рыдлеўка

Schiet!

Халера!

Kehrblick

уфлік для смецця

Farvpott

вядро з фарбаю

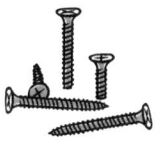

Schruven

балты

Musikinstrumenten

музычныя інструменты

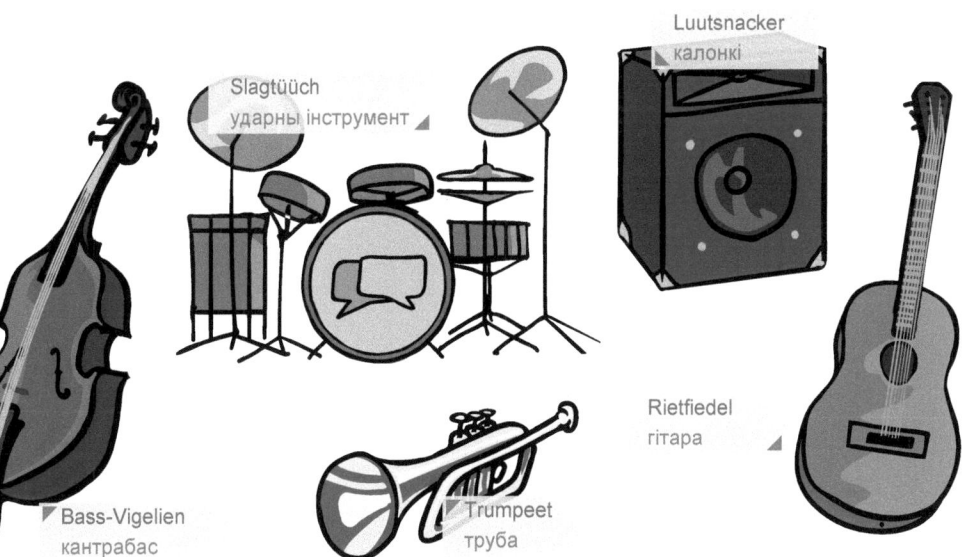

Slagtüüch
ударны інструмент

Luutsnacker
калонкі

Bass-Vigelien
кантрабас

Trumpeet
труба

Rietfiedel
гітара

Klaveer

піяніна

Vigelien

скрыпка

Bass

басгітара

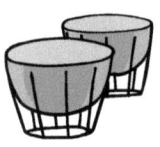

Pauk

літаўры

Trummeln

барабан

Keyboard

клавішны электрамузычны
інструмент

Saxophon

саксафон

Fleut

флейта

Mikrofoon

мікрафон

Deertenpark

заапарк

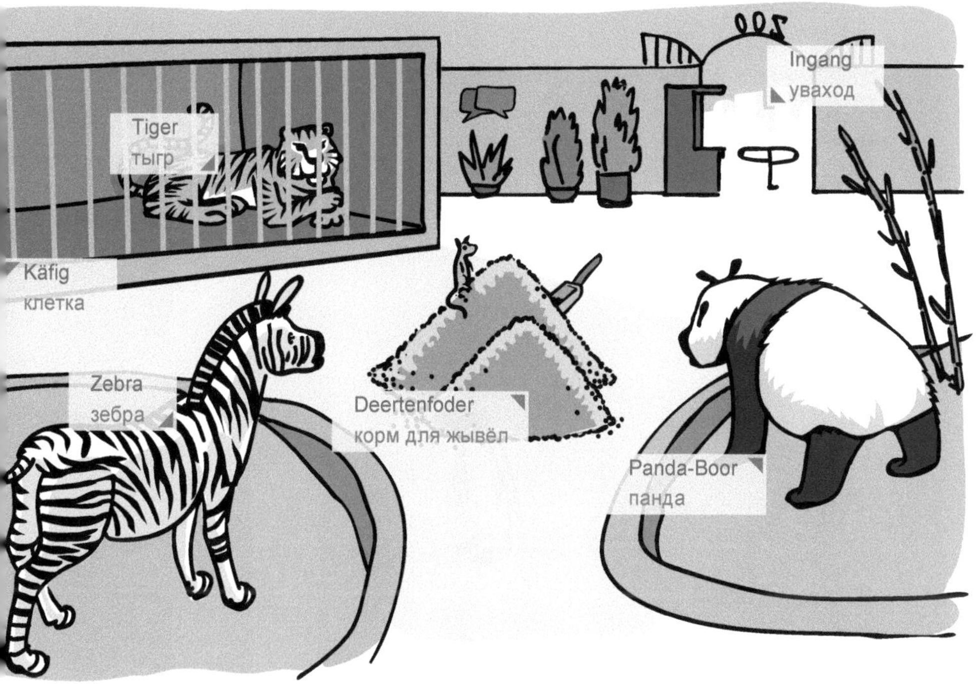
Tiger
тыгр
Ingang
уваход
Käfig
клетка
Zebra
зебра
Deertenfoder
корм для жывёл
Panda-Boor
панда

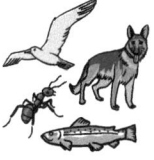

Deerten
жывёлы

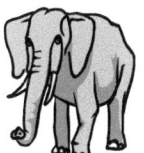

Elefant
слон

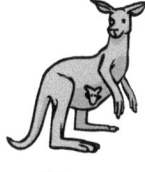

Känguru
кенгуру

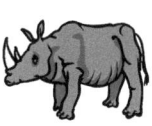

Neeshoorn
насарог

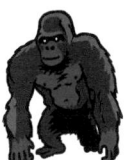

Gorilla
гарыла

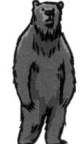

Boor
мядзведзь

Kameel

вярблюд

Struuß

стравус

Lööv

леў

Aap

малпа

Flamingo

фламінга

Papagoi

папугай

Iesboor

белы мядзведзь

Pinguin

пінгвін

Haifisch

акула

Pageluun

паўлін

Slang

змяя

Krokodil

кракадзіл

Oppasser in'n Deertenpark

наглядчык заапарка

Saalhund

цюлень

Jaguor

ягуар

Pony

поні

Leopard

леапард

Nilpeerd

бегемот

Giraff

жыраф

Aadler

арол

Wildswien

дзік

Fisch

рыбак

Schildkrööt

чарапаха

Walross

морж

Voss

ліса

Gazell

газель

Amerikaansch Football
амерыканскі футбол

Radfohren
веласпорт

Tennis
тэніс

Korfball
баскетбол

Swümmen
плаванне

Boxen
бокс

Ieshockey
хакей з шайбай

Football
футбол

Fedderball
бадмінтон

Leichtathletik
лёгкая атлетыка

Handball
гандбол

Skilopen
горныя лыжы

Polo
пола

Aktivitäten
дзейнасць

ringen
акаць
ümarmen
абдымаць
lachen
смяяцца
gahn
ісці
singen
спяваць
drömen
марыць
beden
маліцца
snuteln
цалаваць

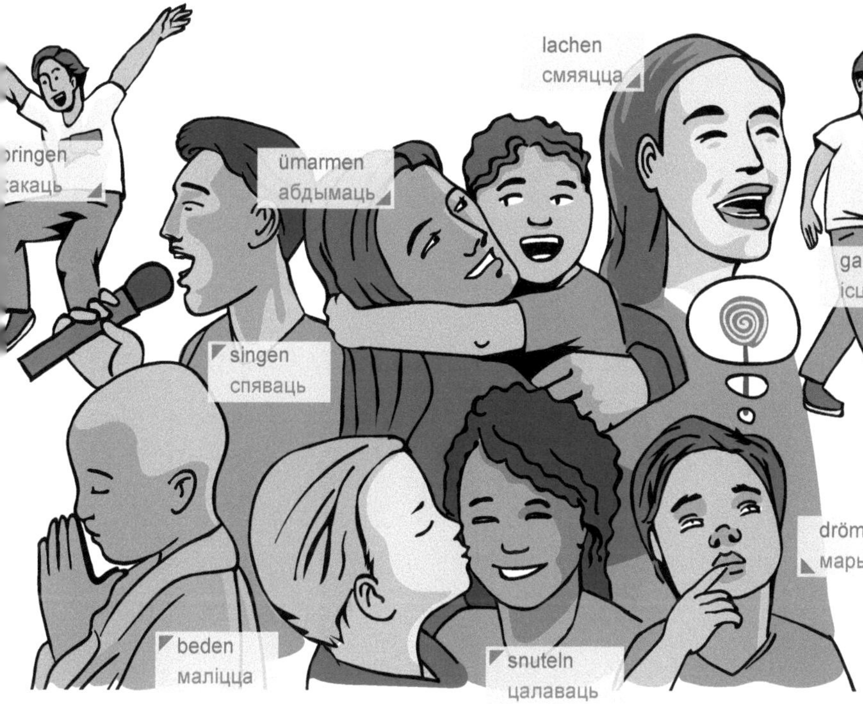

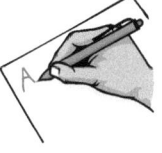

schrieven

пісаць

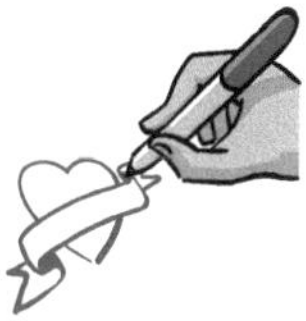

teken

маляваць

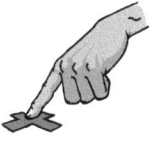

wiesen

паказваць

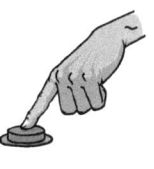

drücken

націснуць

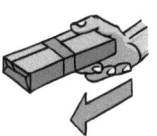

geven

даваць

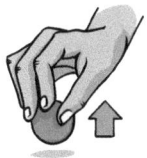

nehmen

браць

hebben
маць

doon
выконваць

sien
быць

stahn
стаяць

lopen
бегчы

trecken
цягнуць

smieten
кідаць

fallen
падаць

liggen
ляжаць

töven
чакаць

dregen
насіць

sitten
сядзець

antrecken
апранацца

slapen
спаць

opwaken
прачынацца

ankieken

глядзець

wenen

плакаць

eien

лашчыць

kämmen

прычэсвацца

snacken

гаварыць

verstahn

разумець

fragen

пытаць

hören

чуць

drinken

піць

eten

есці

oprümen

прыбіраць

leefhebben

кахаць

kaken

гатаваць

fohren

ехаць

flegen

лятаць

segeln

плаваць пад ветразем

reken

лічыць

lesen

чытаць

lehren

вучыць

arbeiden

працаваць

de Plünnen tohoopsmieten

уступаць у шлюб

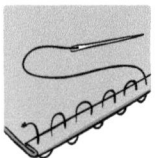

neihen

шыць

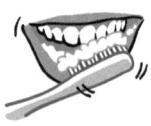

Tähnen putzen

чысціць зубы

dootmaken

забіваць

smöken

курыць

schicken

пасылаць

Familje

сям'я

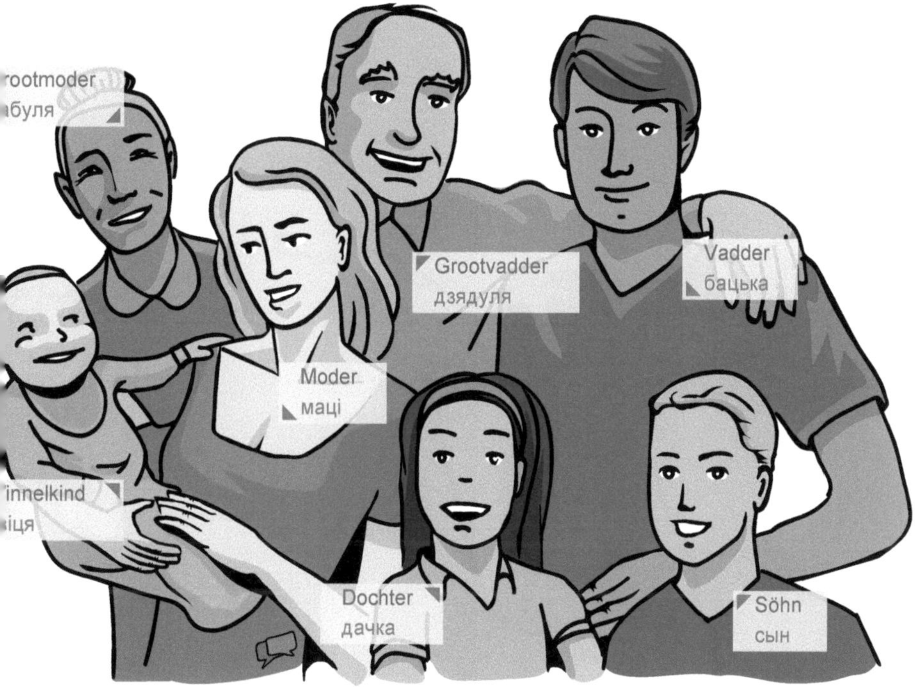
rootmoder
абуля
Grootvadder
дзядуля
Vadder
бацька
Moder
маці
innelkind
іця
Dochter
дачка
Söhn
сын

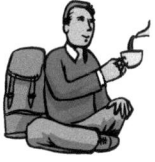

Gast

госць

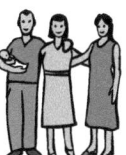

Tant

цётка

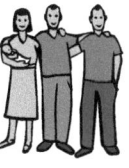

Unkel

дзядзька

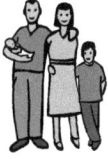

Broder

брат

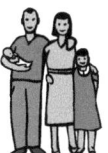

Süster

сястра

Lief

цела

Vörkopp
лоб
Oog
вока
Schuller
плячо
Finger
палец
Gesicht
твар
Kinn
падбародак
Hand
рука
Been
нага
Bost
грудзі
Arm
рука

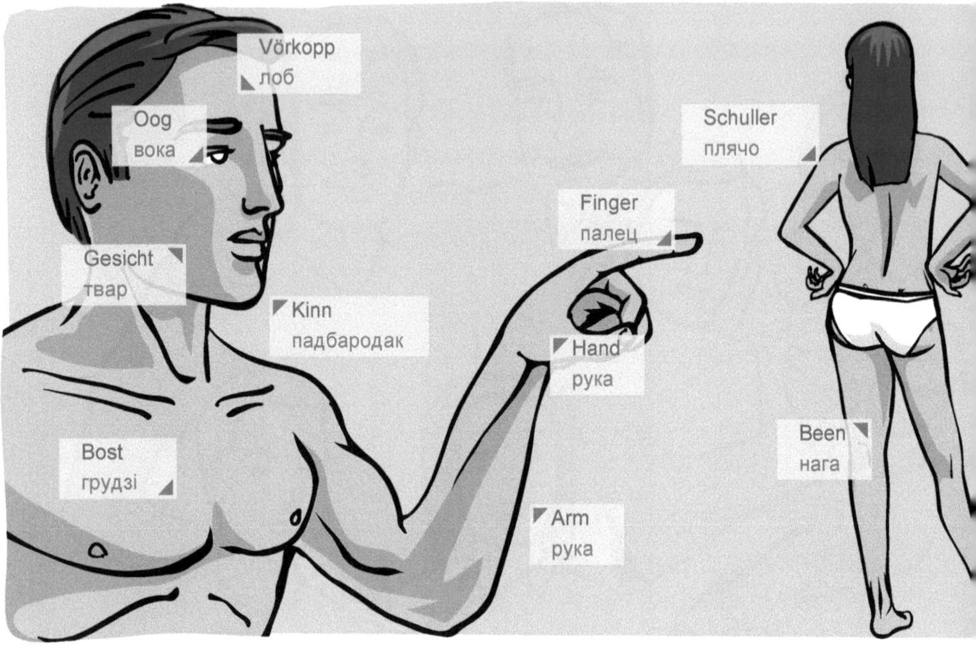

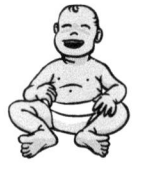

Winnelkind

дзіця

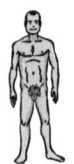

Mann

мужчына

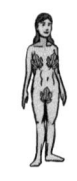

Fro

жанчына

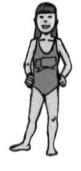

Deern

дзяўчынка

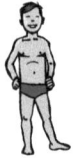

Jung

хлопчык

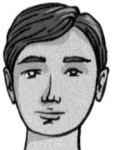

Arm

галава

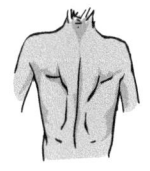

Rüch

спіна

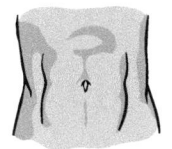

Buuk

жывот

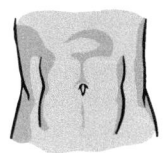

Navel

пуп

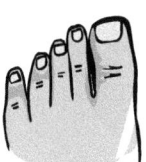

Teh

палец нагі

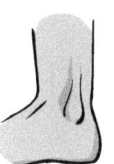

Hack

пятка

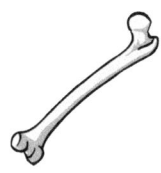

Knaken

костка

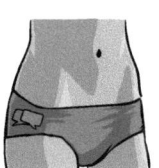

Hüft

бядро

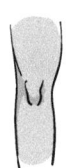

Knee

калена

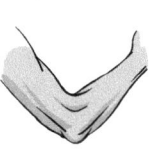

Ellbagen

локаць

Nees

нос

Achtersen

ягадзіца

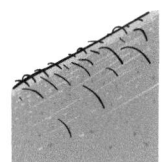

Huut

скура

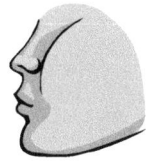

Back

шчака

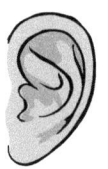

Ohr

вуха

Lipp

губа

Mund

рот

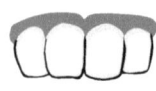

Tähn

зуб

Tung

язык

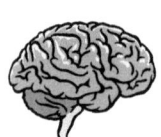

Bregen

галаўны мозг

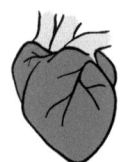

Hart

сэрца

Muskel

мышца

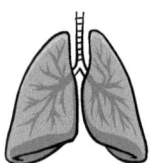

Lung

лёгкае

Lever

пячонка

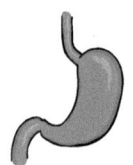

Maag

страўнік

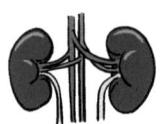

Neren

ныркі

Bislaap

сэкс

Kondoom

прэзерватыў

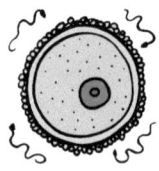

Eizell

яйцаклетка

Sperma

сперма

Anner Ümstänn

цяжарнасць

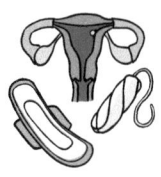

Menstruatschoon

менструацыя

Scheed

похва

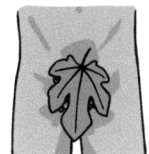

Pint

пеніс

Ogenbroe

брыво

Hoor

валасы

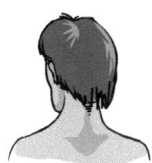

Hals

шыя

Krankenhuus
шпіталь

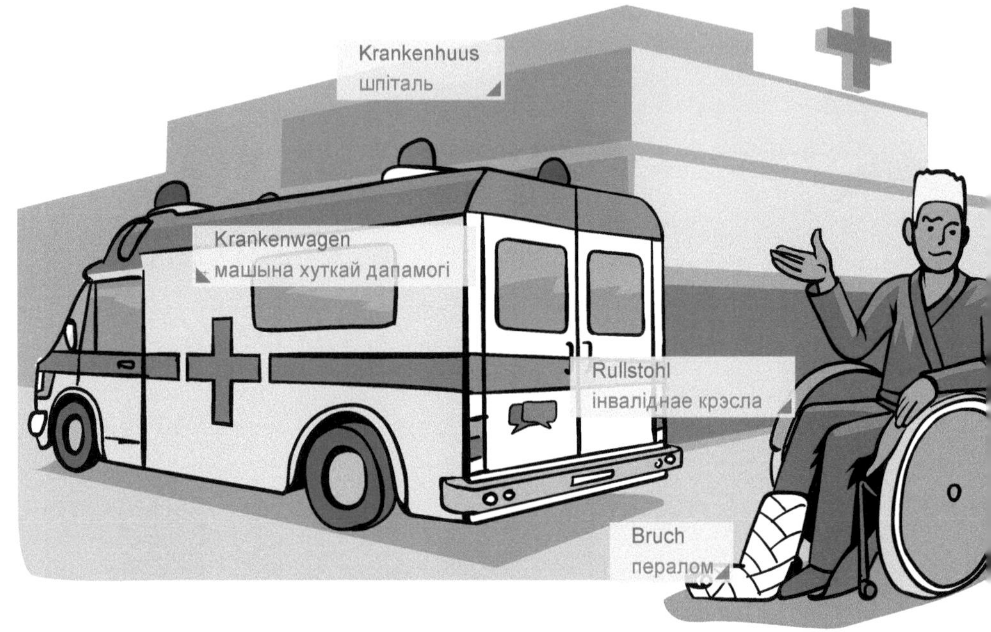

Krankenhuus
шпіталь

Krankenwagen
машына хуткай дапамогі

Rullstohl
інваліднае крэсла

Bruch
пералом

Dokter

доктар

Nootopnahm

аддзяленне першай
дапамогі

Krankensüster

медсястра

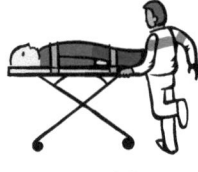

Nootfall

экстраная дапамога

ahnmächtig

непрытомны

Wehdaag

боль

Verwunnen

траўма

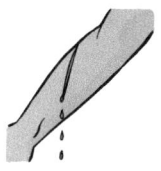

Blöden

крывацёк

Hartinfarkt

інфаркт

Slaganfall

апаплексія

Allergie

алергія

Hoosten

кашаль

Fever

гарачка

Gripp

грып

Dörchfall

панос

Koppwehdaag

галаўны боль

Kreeft

рак

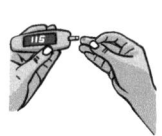

Zuckersüük

дыябет

Chirurg

хірург

Chirurgsch Mess

скальпель

Operatschoon

аперацыя

CT

КТ

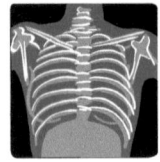

Dörchlüchten

рэнтген

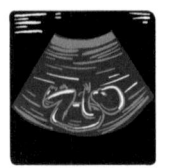

Ultraschall

ультрагук

Mask

маска

Krankheit

хвароба

Töövruum

пачакальня

Krück

мыліца

Plaaster

пластыр

Verband

бінт

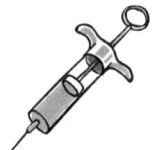

Insprütten

ін'екцыя

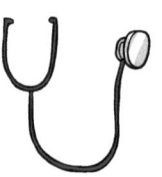

Stethoskop

стэтаскоп

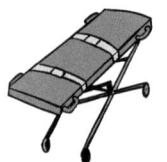

Draag

насілкі

Feverthermometer

градуснік

Geboort

нараджэнне

Övergewicht

лішняя вага

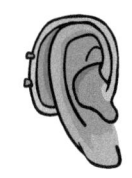

Höörapparat

слухавы апарат

Kiemfriemiddel

дэзінфекцыйны сродак

Ansteken

інфекцыя

Virus

вірус

HIV / AIDS

ВІЧ/СНІД

Heelmiddel

лекі

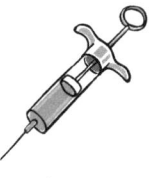

Impen

прышчэпка

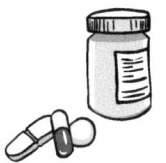

Tabletten

таблеткі

Pill

супрацьзачаткавая таблетка

Nootroop

экстраны выклік

Blootdruck-Meter

танометр

krank / gesund

хворы / здаровы

Hölp!

Ратуйце!

Alarm

сігналізацыя

Överfall

напад

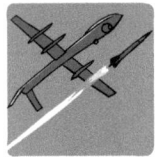

Angreep

атака

Gefohr

небяспека

Nootutgang

аварыйны выхад

Füer!

Пажар!

Füerlöscher

вогнетушыцель

Unfall

аварыя

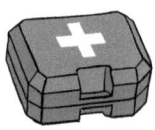

Noothölpkoffer

аптэчка

SOS

СОС

Polizei

паліцыя

Europa

Eўропа

Noordamerika

Паўночная Амерыка

Süüdamerika

Паўднёвая Амерыка

Afrika

Афрыка

Asien

Азія

Australien

Аўстралія

Atlantik

тлантычны акіян

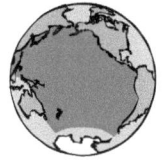

Pazifik

Ціхі акіян

Indisch Weltmeer

Індыйскі акіян

tarktisch Weltmeer

нёвы ледавіты акіян

Arktisch Weltmeer

Паўночны ледавіты акіян

Noordpol

Паўночны полюс

Süüdpol

Паўднёвы полюс

Antarktis

Антарктыда

Eerd

Зямля

Land

краіна

See

мора

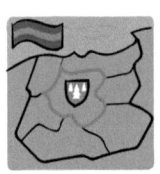

Eiland

востраў

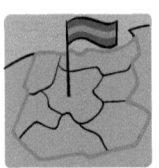

Natschoon

нацыя

Staat

дзяржава

Tallenblatt

цыферблат

Stunnenwieser

гадзінная стрэлка

Minutenwieser

хвілінная стрэлка

Sekunnenwieser

екундная стрэлка

Wo laat is dat?

Колькі часу?

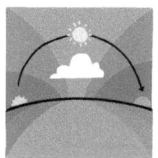

Dag

дзень

Tiet

час

nu

зараз

digetaalsch Klock

электронны гадзіннік

Minuut

хвіліна

Stunn

гадзіна

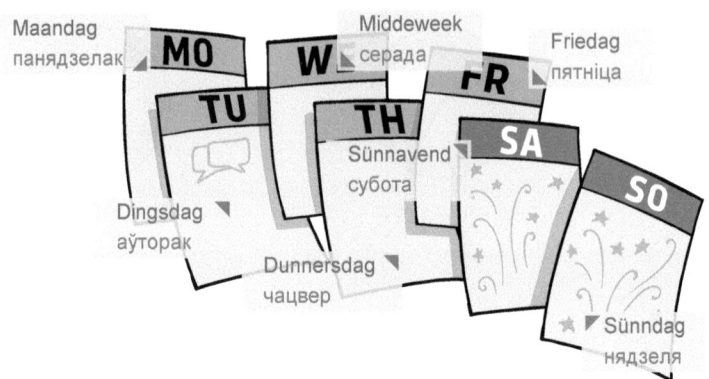

Maandag — панядзелак
Middeweek — серада
Friedag — пятніца
Dingsdag — аўторак
Dunnersdag — чацвер
Sünnavend — субота
Sünndag — нядзеля

güstern

ўчора

hüüt

сёння

morgen

заўтра

Morgen

раніца

Meddag

абед

Avend

вечар

Arbeitsdaag

працоўныя дні

Wekenenn

выхадныя

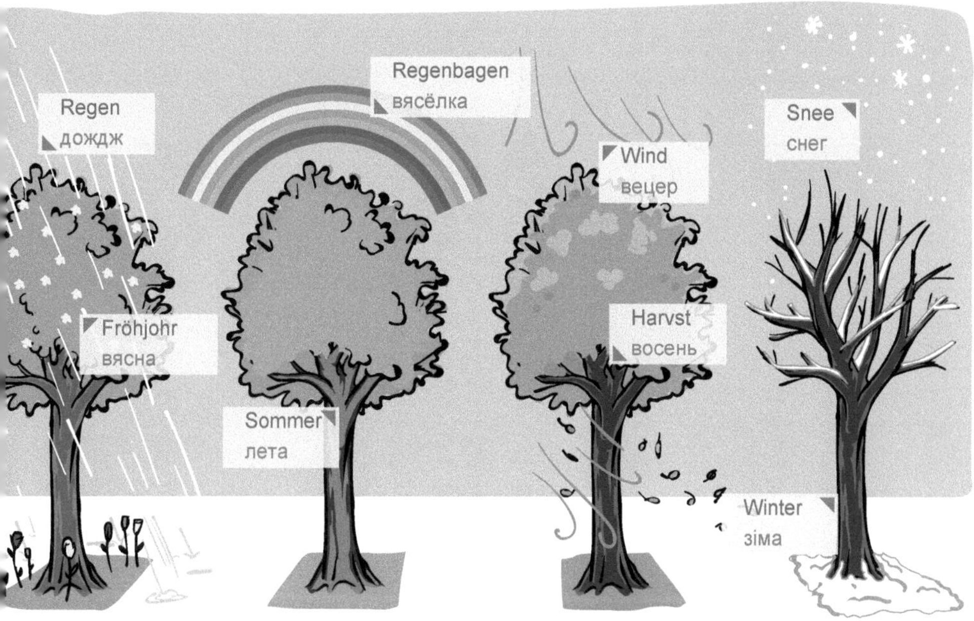

Regen
дождж

Regenbagen
вясёлка

Snee
снег

Wind
вецер

Fröhjohr
вясна

Harvst
восень

Sommer
лета

Winter
зіма

4.APRIL	11°	☀
5.APRIL	4°	⛆
6.APRIL	13°	⛆
7.APRIL	8°	❄
8.APRIL	10°	☀

Wedervörhersaag

прагноз надвор'я

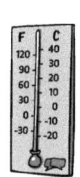

Thermometer

градуснік

Sünnenschien

сонечнае святло

Wulk

воблака

Nevel

туман

Luftfuchtigkeit

вільготнасць паветра

Blitz

маланка

Dunner

гром

Storm

бура

Hagel

град

Monsun

мусонны вецер

Floot

прыліў

Ies

лёд

Januormaand

студзень

Februormaand

люты

Martmaand

сакавік

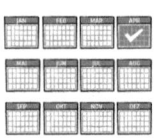

Aprilmaand

красавік

Maimaand

май

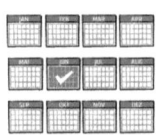

Junimaand

чэрвень

Julimaand

ліпень

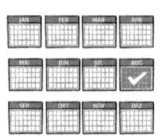

Augustmaand

жнівень

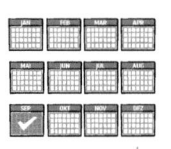

Septembermaand

верасень

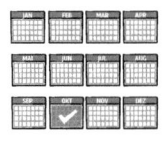

Oktobermaand

кастрычнік

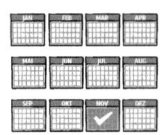

Novembermaand

лістапад

Dezembermaand

снежань

Formen
формы

Krink

круг

Quadrat

квадрат

Rechteck

прамавугольнік

Dreeeck

трохвугольнік

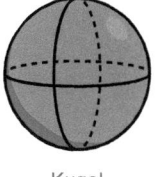

Kugel

шар

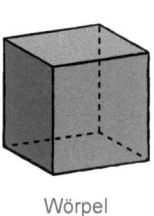

Wörpel

куб

witt

белы

geel

жоўты

orangsch

аранжавы

pink

ружовы

root

чырвоны

lila

фіялетавы

blau

сіні

gröön

зялёны

bruun

карычневы

gries

шэры

swart

чорны

veel / wenig

шмат / мала

böös / verdreeglich

злы / добры

smuck / mies

прыгожы / брыдкі

Begünn / Enn

пачатак / канец

groot / lütt

высокі / малы

hell / düüster

светлы / цёмны

Broder / Süster

сястра / брат

schier / schietig

чысты / брудны

kumpleet / nich kumpleet

поўны / няпоўны

Dag / Nacht

дзень / ноч

doot / lebennig

мёртвы / жывы

breet / small

шырокі / вузкі

geneetbor / nich geneetbor

ядомы / неядомы

böös / fründlich

злы / добры

fickerig / langwielt

узбуджаны / нудны

dick / dünn

тоўсты / тонкі

toeerst / toletzt

першы / апошні

Fründ / Fiend

сябар / вораг

vull / leddig

поўны / пусты

hart / week

цвёрды / мяккі

swoor / licht

важкі / лёгкі

Smacht / Döst

голад / смага

krank / gesund

хворы / здаровы

nich na't Recht / na't Recht

нелегальны / легальны

klook / dummerhaftig

разумны / дурны

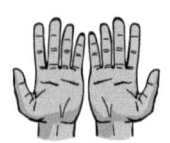

linkerhand / rechterhand

левы / правы

neeg / feern

побач / далёка

nieg / bruukt

… / былы ва ўжыванні

nix / wat

нічога / нешта

oolt / jung

стары / малады

an / ut

укл / выкл

apen / slaten

адчынены / зачынены

lies / luut

ціхі / гучны

riek / arm

багаты / бедны

richtig / verkehrt

правільна / няправільна

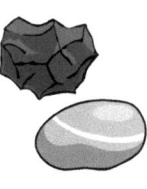

ruug / glatt

шурпаты / гладкі

trurig / glücklich

…умны / шчаслівы

kort / lang

кароткі / доўгі

suutje / flink

павольны / хуткі

natt / dröög

вільготны / сухі

warm / köhl

цёплы / халаднаваты

Krieg / Freden

вайна / мір

0

null

нуль

1

een

адзін

2

twee

два

3

dree

тры

4

veer

чатыры

5

fief

пяць

6

söss

шэсць

7

söven

сем

8

acht

восем

9

negen

дзевяць

10

teihn

дзесяць

11

ölven

адзінаццаць

12

twölf
дванаццаць

13

dörteihn
трынаццаць

14

veerteihn
чатырнаццаць

15

föffteihn
пятнаццаць

16

sössteihn
шаснаццаць

17

söventeihn
сямнаццаць

18

achtteihn
васямнаццаць

19

negenteihn
дзевятнаццаць

20

twintig
дваццаць

100

hunnert
сто

1.000

dusend
тысяча

1.000.000

million
мільён

Engelsch

англійская

Amerikaansch Engelsch

англійская (Амерыка)

Chineesch Mandarin

кітайская мандарынская

Hindi

хіндзі

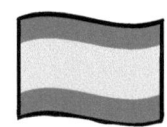

Spaansch

іспанская

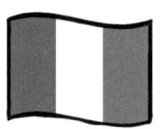

Franzöösch

французская

Araabsch

арабская

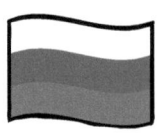

Rusch

руская

Portugiesch

партугальская

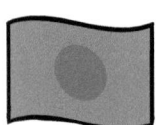

Bengaalsch

бенгальская

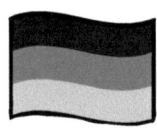

Düütsch

нямецкая

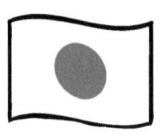

Japaansch

японская

ik

я

du

ты

he / se / dat

ён / яна / яно

wi

мы

ji

вы

se

яны

keen?

хто?

wat?

што?

woans?

як?

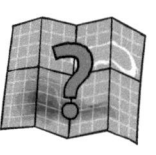

woneem?

дзе?

wannehr?

калі?

Naam

імя

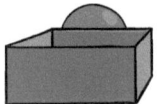

achter

за

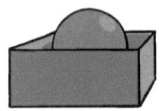

in

у

vör

перад

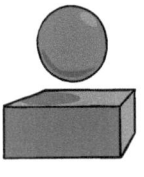

över

над

op

на

ünner

пад

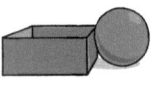

blangen

каля

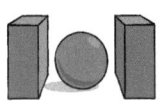

twüschen

паміж

Oort

месца